BEI GRIN MACHT SICH IHR WISSEN BEZAHLT

- Wir veröffentlichen Ihre Hausarbeit, Bachelor- und Masterarbeit

- Ihr eigenes eBook und Buch - weltweit in allen wichtigen Shops

- Verdienen Sie an jedem Verkauf

Jetzt bei www.GRIN.com hochladen und kostenlos publizieren

Sabine Neureiter

Über Schamanismus im Alten Ägypten

GRIN Verlag

Bibliografische Information der Deutschen Nationalbibliothek:

Die Deutsche Bibliothek verzeichnet diese Publikation in der Deutschen National-
bibliografie; detaillierte bibliografische Daten sind im Internet über http://dnb.d-
nb.de/ abrufbar.

Impressum:

Copyright © 2005 GRIN Verlag GmbH
Druck und Bindung: Books on Demand GmbH, Norderstedt Germany
ISBN: 978-3-656-50586-0

GRIN - Your knowledge has value

Der GRIN Verlag publiziert seit 1998 wissenschaftliche Arbeiten von Studenten, Hochschullehrern und anderen Akademikern als eBook und gedrucktes Buch. Die Verlagswebsite www.grin.com ist die ideale Plattform zur Veröffentlichung von Hausarbeiten, Abschlussarbeiten, wissenschaftlichen Aufsätzen, Dissertationen und Fachbüchern.

Besuchen Sie uns im Internet:

http://www.grin.com/

http://www.facebook.com/grincom

http://www.twitter.com/grin_com

Über Schamanismus im Alten Ägypten

Erstmals publiziert in:
Kemet - Die Zeitschrift für Ägyptenfreunde,
Ramses III.,
Bd. 4, 2005, Kemet Verlag, Berlin, 55ff
(www.kemet.de)

von

Sabine Neureiter, M.A.

Vorwort

Bei meinen Kemet-Artikeln handelt es sich um Texte, in denen ich versuche auf wenigen Seiten viele Informationen zu liefern. Der inhaltliche Rahmen ergibt sich aus dem Titel-Thema der jeweiligen Kemet-Ausgabe. Alle Artikel in den Kemet-Magazinen sind bebildert; die Fotos ergänzen die Texte.

Mir war bei jedem einzelnen Artikel wichtig, nicht lediglich schon bekannte und überall nachzulesende Informationen zusammenzustellen und nachzuerzählen. Ich betrachte alle Themen aus einer über den Tellerrand der Ägyptologie hinausgehenden Perspektive und stelle oftmals Thesen in den Raum, die eine Diskussion anstoßen sollen. Es handelt sich dabei aber immer um begründete und nicht aus der Luft gegriffenen Überlegungen.

Für viele meiner Artikel bilden ethnologische, soziologische oder religionswissenschaftliche Ansätze den Rahmen, um alternative Sichtweisen zu ermöglichen. Dabei gehe ich durchaus – aus ägyptologischer Sicht – etwas provokativ an ein Thema heran. Aber immer nur mit dem Ziel, neue oder unbekanntere Aspekte darzustellen.

Um altbekannter Kritik von vornherein entgegenzutreten: Grundsätzlich ist ein über räumliche und zeitliche Grenzen hinwegreichender Kulturvergleich ebenso statthaft wie ein sich ausschließlich an die Originalquellen haltender Versuch, Erkenntnisse über die altägyptische Kultur zu gewinnen. Das Argument, es handle sich bei dem einen um eine anachronistische und bei dem anderen um die einzig akzeptable Vorgehensweise, greift nicht. Denn schließlich findet auch das sprachwissenschaftlich fundierte Interpretieren einer altägyptischen Originalquelle alles andere als zeitnah zu ihrer Entstehung statt. Und eine Quelle aus der ägyptischen Spätzeit ist immerhin auch schon zweitausend Jahre jünger als etwa eine aus der Pyramidenzeit, so dass die Interpretationsergebnisse der jüngeren Quelle als anachronistisch bewertet und zum Verständnis der älteren nicht herangezogen werden dürften, wollte man dieser Argumentation folgen.

Nicht nur der Kulturvergleich, sondern gerade auch der interdisziplinäre Ansatz erweitert unseren Verstehenshorizont. Dann finden sich Antworten auf Fragen, die sich aus ägyptologischer Sicht nie stellen würden und werfen Licht auf unbeachtete oder unbekannte kulturelle Phänomene. Auch scheinbar wissenschaftlich längst bearbeitete Bereiche müssen immer wieder auf den Prüfstand; allein, weil jedem Wissenschaftler und jeder Wissenschaftlerin eine subjektive Sichtweise zueigen ist und jeder Versuch, Subjektivität aus der Arbeit auszuschließen und reine Objektivität walten zu lassen, niemals gelingen kann.

Letztendlich kann es immer nur darum gehen, ein weiteres kleines Fenster zum Verständnis der altägyptischen Kultur aufzustoßen.

Über Schamanismus im Alten Ägypten

Siegfried Morenz, einer der einflussreichsten Ägyptologen seiner Zeit, schreibt im Vorwort zu seinem Buch „Ägyptische Religion": „In der Arbeit wurde mir deutlich, daß man selbst erfahren haben muß, was Religion sei und daß Gott sei, wenn einem das Gott-Mensch-Verhältnis ferner Zeiten aus den Quellen sichtbar werden soll. Dann aber zeigt sich, daß die einfachen und großen Anliegen des menschlichen Lebens bei allen Variationen durch Daseinswelt und Bewußtseinslage ewig unveraltet die gleichen sind und daß die Beschäftigung mit einer einzelnen Religion die Pforten zur Religion schlechthin zu öffnen vermag. Wer sich mit fremder Sprache oder fremder Kunst beschäftigt, pflegt daraus nicht zuletzt ein tieferes Verständnis seiner eigenen Sprache oder Kunst zu gewinnen. Ich bin zu der Überzeugung gelangt, daß die ägyptische Religion jedem, der sich in sie versenkt, den gleichen Dienst leistet. (…) Ich für meinen Teil glaube nicht an die ägyptischen Götter, aber ich vergaß keinen Augenblick, mir gegenwärtig zu halten, daß für die Ägypter, wie für jeden Gläubigen auf Erden, seine Götter Wirklichkeiten waren, und diese Wirklichkeit Gottes ist meines Erachtens der vornehmste Gegenstand des Religionshistorikers überhaupt".

Das Zitat beschreibt die ganze Problematik der ägyptologischen Beschäftigung mit der altägyptischen Religion. Denn was wäre, wenn wir in der Zeit bis in die Frühzeit zurückgehen und statt einer Religion Schamanismus vorfinden? Wenn die Ägypter der Frühzeit nicht an die „Wirklichkeit Gottes" glaubten, sondern an die „Wirklichkeit der Natur und des Universums", die sich in den verschiedenen Göttern, heiligen Tieren und Gegenständen zeigte?

Ist es vorstellbar, dass sich Siegfried Morenz jemals in einen Schamanen hineinversetzt hat? Wohl kaum, denn Schamanismus ist keine Religion, sondern eine religiöse Praxis. Das schamanische Erleben beruht auf gezielt herbeigeführten Bewusstseinsintensivierungen, zum Beispiel durch den Gebrauch von psychoaktiven Pflanzen, den Einsatz rhythmischer Stimulation, Atemkontrolle oder bestimmter Körperhaltungen.

Der Ethnopharmakologe Christian Rätsch bezeichnet den Schamanismus auch als „ein Korpus von Techniken zur Bewußtseinsveränderung" oder einfach als „Bewußtseins-technologie": „Diese Technologie wurde und wird innerhalb verschiedener Kulturen mit den unterschiedlichsten Glaubensvorstellungen angewandt. Der Schamanismus steht nicht mit der Religion im Widerstreit; er benutzt die Religion … als Maske für den schamanischen Bewußtseinszustand bzw. für die Inszenierung der Erfahrungen im erweiterten Bewußtsein. Allerdings macht die Anwendung dieser Techniken nicht jeden Menschen zum Schamanen. Der Schamane ist immer ein ungewöhnliches Individuum, das über bestimmte Fähigkeiten und Begabungen sowie über eine spezifische Lebensgeschichte (Berufung, persönliche Krise, Initiationskrankheit, Ausbildung bei einem älteren Schamanen, Transsexualität usw.) verfügt. Schamanen sind Spezialisten für Reisen („trips") in „andere Welten", „andere Wirklichkeiten", „Geisterwelten", „Himmel und Unterwelten", ins „Jenseits" oder die „Anderswelt". In diesen anderen Wirklichkeiten können die Schamanen Veränderungen verursachen, die sich auf die hiesige Welt auswirken. Die Schamanen greifen in den Lauf der

Dinge ein; interaktiv gestalten sie die verborgenen Aspekte der Wirklichkeit nach eigenem Wunsch und Gusto".[1]

Es gibt deutliche Hinweise darauf, dass im frühzeitlichen Ägypten Schamanismus existierte, der vermutlich im frühen Alten Reich aus dem offiziellen Kult verdrängt wurde.[2] Die verschiedenen Funktionen, die der Schamane im Dienste seiner Gemeinschaft ausübte, wurden von der sich herausbildenden Priesterschaft und dem König als obersten Priester aller offiziellen Kulte übernommen, sei es die Funktion des Heilers, des Geburtshelfers, des Hellsehers, des Mittlers zwischen den Göttern, Ahnen und Menschen, des Wissenden um die Geheimnisse von Leben und Tod, oder die des Seelenführers.

Einer der bekanntesten Anhaltspunkte eines ehemals existierenden altägyptischen Schamanismus ist das Statuenherstellungsritual, der älteste Teil der Mundöffnungszeremonie, innerhalb dessen der Sem-Priester die Statue (später auch die Mumie) des Verstorbenen „beseelt". Das Statuenherstellungsritual kann als ritualisierte schamanische Séance und als eine Art Überbleibsel des frühzeitlichen Schamanismus betrachtet werden. Eine Statue wird hergestellt, damit der Verstorbene in ihr weiterleben kann.

Wolfgang Helck wies schon seit den 1960er Jahren entgegen der vorherrschenden ägyptologischen Denkweise mehrfach darauf hin, dass es sich bei dem Sem-Priester, der dieses Ritual durchführte, um einen Schamanen gehandelt haben könnte. Diese Annahme wurde aber 1998 von Hans-Werner Fischer-Elfert in seiner Arbeit „Die Vision von der Statue im Stein" scheinbar endgültig zurückgewiesen,[3] unter anderem mit dem Hinweis auf Jan Assmann, der meint, in Altägypten hätte es so etwas wie Schamanismus nie gegeben.[4] Fischer-Elferts vermeintliche Widerlegung eines altägyptischen Schamanismus wurde seitdem von verschiedenen Ägyptologen, zum Beispiel von Erik Hornung und Jan Assmann, immer wieder herangezogen, um den Sem-Priester vom Ruch eines Schamanen zu befreien. Wenn man diese Methode des sich aufeinander Beziehens und des gegenseitigen Bestätigens genauer betrachtet, dann handelt es sich um eine Vorgehensweise, die Erik Hornung in einem anderen Zusammenhang wie folgt verurteilt: „Hier bewegen wir uns im Zirkelschluß - was zu beweisen ist, wird vorausgesetzt".[5]

Es ist völlig gleichgültig, ob die Quellen, aus denen wir unsere Informationen ziehen, jünger oder älter sind - sie müssen alle interpretiert werden. Es gibt aus der gesamten altägyptischen Geschichte keine Texte, die sich mit abstrakten kulturellen Phänomenen auseinandersetzen. Es existieren keine Schriften, die sich mit der Religion, den Wissenschaften oder der

---

[1] Christian Rätsch, Schamanismus, Techno und Cyberspace, in: Christian Scharfetter; Christian Rätsch (Hgg.), Welten des Bewusstseins. Religion, Mystik, Schamanismus, 9, 1996, 220f

[2] S. dazu Sabine Neureiter, Schamanismus im Alten Ägypten, SAK 33, 2005. Hier finden sich weitere Literaturhinweise.

[3] Hans-Werner Fischer-Elfert, Die Vision von der Statue im Stein. Studien zum altägyptischen Mundöffnungsritual, Heidelberger Akad. d. Wiss., 5, 1998, 64ff

[4] Jan Assmann, Theologie und Frömmigkeit einer frühen Hochkultur, 1984, 183

[5] Erik Hornung, Der Eine und die Vielen, 1971, 191

Philosophie an sich beschäftigen.

Was gibt uns also die Gewissheit, dass unsere Deutungen der Quellen richtig sind? Wie kommt Siegfried Morenz zum Beispiel zu der Annahme, dass die Ägypter den Tod geleugnet hätten? Er unterstellt ihnen sogar ein psychologisches Problem in Bezug auf den Tod. Denn zum einen habe es ja Gräber gegeben, die einen Verstorbenen als Toten brauchten und zum anderen habe es den Versorgungsdienst gegeben, der den Verstorbenen als Lebenden voraussetzte.[6] Für Morenz ist diese gedankliche Dualität augenscheinlich nur als „entweder-oder-Zustand" möglich, während es in Wahrheit ein „sowohl-als auch-Zustand" war. Der Gedanke, dass die Ägypter durchaus eine in sich logische und nachvollziehbare Vorstellung von ihrem Tod (und ihrer Wiedergeburt) gehabt haben könnten, kam Morenz offensichtlich nicht. Er scheiterte bei seiner Deutung an den Gegebenheiten, die seinem eigenen (christlichen) Verständnis vom Tod widersprachen.

Zurück zum Statuenherstellungsritual, dem eindrücklichsten Hinweis auf einen frühzeitlichen Schamanismus. Es wird allgemein als ein Ritual beschrieben, in dem eine Statue hergestellt wird und bei dem der Sem-Priester in einen „rituellen" Schlaf fällt, um im Traum der „Seele" des Verstorbenen zu begegnen und sie in die Statue zu geleiten. Ein Fall also für einen Schamanen, sollte man meinen - und so meinte es ja auch Wolfgang Helck.

Was passiert zwischen dem Zeitpunkt, an dem der Sem-Priester die „Seele" sieht und dem Zeitpunkt, zu dem die „Seele" in die Statue hinein geht? Es existiert eine Ereignislücke, die augenscheinlich vom Gros der Ägyptologen lieber in Kauf genommen wird, als zu akzeptieren, dass es einen altägyptischen Schamanen gegeben haben könnte. Umständlich werden die ungewöhnlichen und außerhalb des Rituals nicht vorkommenden Begriffe als handwerkliche Geheimsprache interpretiert, statt das Nahe liegende anzuerkennen: Es handelt sich bei dem Statuenherstellungsritual um eine schriftlich fixierte und über Generationen hinweg von Priestern überarbeitete schamanische Séance.

Um diese Deutung nachvollziehbarer zu machen, beschreibe ich im Folgenden das Statuenherstellungsritual als eine Séance, in der der Schamane die „Seele" sucht, einfängt, sie beschützt und dafür sorgt, dass ein Körper für sie zur Verfügung steht, in den er sie geleiten kann.[7] Die „Seele" belebt diesen neuen Körper, damit der Verstorbene wiedergeboren und in ihm weiterleben kann:[8]

[Szenen 1-7] Der Schamane hat sich durch tagelanges Fasten, vielleicht durch die zusätzliche Einnahme bestimmter Drogen, durch stundenlanges Singen oder rhythmische Bewegungen auf seine vor ihm stehende Aufgabe vorbereitet. In ein Fell oder Tuch gehüllt, bewegungsunfähig, wird der Schamane zum Ort des Geschehens gebracht. Die Séance findet

---

[6] Siegfried Morenz, Ägyptische Religion, 1960, 40f

[7] Bei der Darstellung des Rituals halte ich mich an die von Eberhard Otto (Das ägyptische Mundöffnungsritual, ÄA 3, Teil II, 1960, 34ff) erarbeitete Szenenabfolge.

[8] Die „Seele" belebt als Ka die Statue, in die der Verstorbene als Ba eintreten kann. Der Ka-Seelenaspekt steht meiner Meinung nach für das Ich-Bewusstsein und die Lebenskraft. Er symbolisiert den Menschen in seiner erdgebundenen (diesseitigen) Form. Der Ba-Seelenaspekt symbolisiert das Über-Bewusstsein, den Menschen in seiner transzendenten (jenseitigen) Form.

in einem besonderen Raum statt, den die Handwerker für ihre wichtige Aufgabe schon vorbereitet haben. Sie haben sich und ihre Werkzeuge gereinigt, haben die für ihre schöpferische Arbeit notwendigen Riten vollzogen und stehen dem Schamanen zur Verfügung.

[Szene 8] Der Schamane, seine Assistenten und die Handwerker befinden sich zusammen mit einem Steinblock in dem für das Ritual vorgesehenen Raum. Alles ist präpariert. Der Schamane ist in ein Mumientuch gewickelt. Er kann sich nun auf Jenseitsreise begeben. Sein Bewusstsein verlässt seinen Körper.

[Szene 9] Die Handwerker beginnen ihre Arbeit sobald sich der Schamane auf seiner Seelenreise befindet. Der Schamane beschreibt metaphorisch, was er erlebt. Die Erlebnisse werden von den Assistenten übersetzt und als Arbeitsanweisungen an die Handwerker weitergegeben. Die Statue des Verstorbenen wird nach und nach aus dem Steinblock herausgearbeitet.

[Szene 10] Der Schamane sucht und fängt die „Seele" des Verstorbenen mit Hilfe seiner Hilfsgeister. Er steht während der Séance ununterbrochen mit seinen Assistenten in Kontakt. Sie übersetzen die jenseitige Metaphorik in die Handwerkersprache, damit die Arbeit ordnungsgemäß durchgeführt werden kann. Hilfsgeister sind unter anderem eine Spinne, eine Gottesanbeterin und Bienen.

[Szene 11] Der Schamane befindet sich zusammen mit der „Seele" des Verstorbenen auf dem Rückweg in den diesseitigen Bereich und braucht zur Vollendung seiner Aufgabe verschiedene Hilfsmittel, mit denen er sich schützen kann. Offensichtlich stellt diese Übergangsphase eine kritische Situation dar. Er ergreift seinen Stab und lässt sich von seinen Assistenten ein Netz umlegen.

[Szene 12] Durch seine Assistenten wendet sich der Schamane an die Handwerker, denen er weiterhin explizite Arbeitsanweisungen gibt. Die Geburt des Ersatzkörpers und zusammen mit ihm die Wiedergeburt der „Seele" steht kurz bevor. Die Handwerker werden aufgefordert, die Statue zu vollenden.

[Szenen 13, 15-16] Der Schamane befindet sich zusammen mit der „Seele" immer noch in einer kritischen jenseitigen Situation. Im Diesseits arbeiten unterdessen die verschiedenen Handwerker an der Fertigstellung der Statue. Jeder der Handwerker wird vom Schamanen angesprochen und in das Drama mit eingebunden. Die Handwerker arbeiten an der Statue im Vertrauen darauf, dass sie unter dem Schutz des Schamanen stehen.

[Szene 19] Die Statue ist fertig gestellt. Der Schamane kann seine Jenseitsreise beenden und die „Seele" des Verstorbenen zu seinem Ersatzkörper geleiten. Die kritische Phase ist überstanden. Die Trance ist beendet. Der Schamane kleidet sich nun mit seiner normalen Tracht, dem Leopardenfell.

[Szene 22] Der Schamane und seine Assistenten verlassen zusammen mit der nun „beseelten" Statue, das heißt mit dem wiedergeborenen Verstorbenen, den Raum.

Der Schamane hat seine Aufgabe, die „Seele" des Verstorbenen zu seinem gleichzeitig fertig gestellten Ersatzkörper zu geleiten, erfolgreich abgeschlossen. Die Wiedergeburt ist vollendet. Der Körper wurde erschaffen und die „Seele" wurde hineingegeben.[9]

Der Anthropologe Michael Harner vergleicht den Schamanen mit einem Wissenschaftler. Beide erforschten die Geheimnisse des Universums und beide seien überzeugt, dass die diesem Universum zugrunde liegenden ursächlichen Prozesse dem normalen Blick verborgen seien. Schamanen seien Menschen der Tat und des Wissens und dienten ihrer Gemeinschaft, indem sie in der verborgenen Wirklichkeit ein- und ausgingen, sobald man sie um Hilfe bitten würde. Es gibt die alltägliche (diesseitige) und die nichtalltägliche (jenseitige) Wirklichkeit, und der Schamane bewegt sich in den jeweils zugehörigen Bewusstseinszuständen zwischen beiden hin und her. Harner schreibt: „Eine Wahrnehmung von zwei Wirklichkeiten ist für den Schamanismus typisch, obwohl westliche theoretische Philosophen lange die Möglichkeit geleugnet haben, daß es solch eine Zweiteilung zwischen der normalen und einer verborgenen Welt bei den Naturvölkern gibt - offensichtlich in der Annahme, daß „Primitive" zwischen den beiden nicht unterscheiden könnten".[10]

Wir sind also wieder bei dem anfangs formulierten Problem angelangt. Siegfried Morenz konnte oder wollte im Alten Ägypten die Existenz eines Schamanismus nicht erkennen, kam also niemals in die Verlegenheit, sich in einen Schamanen hineinversetzen zu müssen. Was nützt also die beste Absicht, wenn es an Einsicht mangelt? „Die Grenzen", meint Michael Harner, „liegen nicht bei den Naturvölkern" oder den Alten Ägyptern, kann man hinzufügen, „sondern bei unserem Unverständnis für die zweischichtige Natur ihrer Erfahrungen und die Aufmerksamkeit, die sie ihnen zollen".[11]

---

[9] Nach der Verdrängung des Schamanismus aus dem offiziellen Kult wird diese Idee (die Geburt als Gemeinschaftsleistung von Schamane und Handwerker), wie so vieles andere auch, „kultiviert" und mythologisiert. Ein Gott, Chnum, erschafft von nun an den Menschen auf der Töpferscheibe - den Körper zusammen mit dem Ka.

[10] Michael Harner, Der Weg des Schamanen. Das praktische Grundlagenwerk zum Schamanismus, 2003, 88

[11] Harner, Der Weg des Schamanen, 89